AF210246

Franz Simon

Gedichte aus Dürnkrut und Umgebung

Mit „Der historische Tag"

und „Die Brücke"

Bibliographische Information der Deutschen Bibliothek:
Simon, Franz: Gedichte aus Dürnkrut und Umgebung.
Hrsg. Friedrich Hajek. - Norderstedt: Books on Demand
GmbH 2004.

Herstellung und Verlag: Books on Demand GmbH,
Norderstedt.

ISBN: 3-8334-1067-1

Inhalt

Die Brücke

An der March, dem alten Grenzflusse, geboren,

hab ich die Liebe zur Heimat nie verloren.

Es zieht zu dir mich immer hin,

du stiller Fluss im satten Grün.

Dann weile ich am Ufer, der Gedanken voll.

Welle um Welle verscheuchen jeden Groll.

Ein Bilderbuch, das schlag ich auf,

es blättert um eines Lüftleins Hauch:

Eine Brücke stand hier auf dem Fleck,

eine Spur suchst du vergebens, sie ist einfach

weg.

Ich versetze mich in die Jahrhundertwende:

Der Schulunterricht ging zu Ende.

Die großen Ferien haben begonnen,

wieder ist ein Schuljahr im Mährerland

verronnen.

Wie stets in meinem Ferienglücke,

mein erster Weg war der zur Brücke.

Sie war sehr lang, mit hohen Jochen

im Wasser und am Land.

In der Natur sie niemand störend fand.

Pilotenjoche, Tragwerk, Balken und Belag,

alles aus Holz,

zeigten Handwerkerkönnen, Handwerkerstolz.

Die Brücke trotzte des Eisstoßes Wut

und auch der höchsten Hochwasserflut.

Ein feiner Sandstrand in der Badezeit

erwartete den Gast auf ungarischer Seit´.

Die Brücke ächzte vom polternden Verkehr,

Slowaken kamen mit Gespann von Ungarn her.

Schnell und peitschenknallend fuhren sie

wieder heim,

angeregt vom guten österreichischen Wein.

Barfüßig, wie wir Buben manchmal waren,

barg die Brücke auch Gefahren.

Ein Holzsplitter in der Ferse vom Belag,

ich müsste lügen - in der Tat -

war kein Vergnügen.

Auch fallen mir die Slowakenbuben ein,

sie sprangen von der Brücke in die March

hinein.

Kopfsprünge waren ihnen unbekannt.

Auf die Joche krochen sie gewandt

und hatten sonderbare Sportmanier´n.

Vor dem Sprung machten sie ein Kreuz auf ihre

Stirn.

Die Nase hielten sie zu mit einer Hand

und plumpsten ins Wasser von ihrem hohen

Stand.

Was mir noch im Gedächtnis bliebe:

An der Brücke war immer ein Getriebe.

Badevolk, Pferdeschwemme, Eishacker,

Fuhrwerksverkehr,

das alles war und kommt nicht mehr.

Der historische Tag

Ein Keller ist in Dürnkrut,

dort schenkt man besten Wein.

Wenn nach der Müh´ die Arbeit ruht,

kehrt mancher gerne ein.

In Fron grub ihn ein Adelsherr,

mit tiefen Gängen ringsumher,

ein gewaltig Fass drin aufgebockt,

das jeden zum Besuch verlockt.

Nach Norden öffnet sich das Tor,

Ahornriesen stehen davor.

Der Blick liegt links auf Rebenhängen,

durch die sich tiefe Hohlweg´ zwängen.

Geradeaus, auf flachen Breiten,

sich buntgestreifte Felder weiten.

Ein Auvorhang zur rechten Hand,

umsäumt des Flusses Silberband.

Auf diesem Plan liegt schon ein Schleier,

in die Au streicht ab ein Reiher.

Der Mond steigt über die Karpaten,

sendet kaltes Licht auf Matten.

Ein später Gast sitzt vor der Schänke,

vergaß beim Trunk der Mühsal Ränke.

Jung noch hat er Treu' geschworen,

das Kriegshandwerk sich auserkoren,

beherrschte es mit Meisterhand

für Kriegsherrn und Vaterland

in zwei bitter langen Kriegen,

sowohl bei Rückschlag wie bei Siegen.

Der Völkerschaften Freud und Leid,

bis fern in die Vergangenheit

studierte er in stillen Stunden.

Hat viel Wissenswert's dabei gefunden.

Da spricht er jetzt aus tiefster Brust:

„An diesem Ort zwei Könige sich stritten,

einer hat den Tod erlitten.

Das blutige Treffen ist bekannt,

als Schlacht von Dürnkrut ist's benannt."

Matt vor Hitze und vom Wein,

schläft beim Tisch der Alte ein.

Und vor ihm in schwüler Nacht

rollt ein Laufbild dieser Schlacht.

Er sieht im Lager Jedenspeigen

sich Ritter und Wladiken neigen

vor Böhmens König Ottokar,

der stolz den Schlachtenplan legt dar.

Da wieder reitet hoch zu Ross

König Rudolf und sein Tross

durchs Lager unterm Haspelwald.

Vom Lärm die Senke widerhallt.

Blitzartig wandelt sich das Bild:

Mutige Reiter, in Staub gehüllt,

reiten an zu blutigem Streit.

Da hört er auf der böhmischen Seit´

sie „Hospodine, pomiluj ny!"[1] singen,

von den andern wohl anstimmen:

„Sant Mari, Muoter und Meit -

---

[1] Kirchenslawisch: Gott, erbarme dich (unser).

all´ unser Not sei Dir gekleit."

Der Gesang verstummt. Bei dem Turnier

verbluten Rittersmann und Tier.

Kumanische reitende Bogenschützen

über Felder und Wiesen flitzen.

Sie hat dem Habsburger zu Hilfe gesandt

der Ungarkönig, denn Ottokar bedroht auch

sein Land.

Viel Unruh´ bringen sie ins böhmische Heer,

brandschatzen und plündern im Lande schwer.

Überschütten immer und immer wieder

mit tausend Pfeilen die böhmischen Krieger.

Der Schläfer hört in Ottokars Reihen

den Feldruf „Budejovice! Praha!" schreien.

Rudolfs Ritter mit grellem Ton

rufen einander zu: „Christus und Rom!"

Mit wechselndem Glück ist die Schlacht im

Gang.

Da wird dem Alten ums Herze bang.

Er zittert um des Habsburgers Leben.

Vom Pferde gestoßen wird dieser soeben.

Von Ottokar zum Mörder gedungen,

ist's dem Verräter doch nicht gelungen,

seinen König im Kampf zu töten.

Da, in allerhöchsten Nöten,

schlägt sich durch, an ihn heran

Walter von Ramswag, der tapfere Mann.

Auf ein neues Pferd hilft er dem König,

der noch immer hofft auf den Sieg.

Doch Ottokars Übermacht ist zu groß

an gepanzerten Reitern mit gedecktem Ross.

Sie wollen nach schwersten Waffengängen

die Deutschen an den versumpften Weidenbach

drängen.

Jetzt gibt Rudolf auf's Hochfeld mit

Wimpelsignal

den Befehl zum Angriff. Mit einem Mal

stürmen sechzig steirische Ritter verwegen,

unentdeckt aus hohlen Wegen,

mit Ulrich von Kapellen den Abhang hinab.

Milota von Dieditz sie nicht zu hemmen vermag.

Der böhmische Edle wird zur Flucht

gezwungen.

Schnell sind die Steirer beim Feind

eingedrungen.

Treiben hinein sie einen Keil,

zerreißen das böhmische Treffen in zwei Teil'.

Die Böhmen werden von Schrecken erfasst,

auch ihr Führer, der König, am Pferde

erblasst.

Sie fliehen, von Deutschen und Ungarn

getrieben,

ein Großteil ist am Schlachtfeld geblieben.

Andere hofften über die March zu entkommen,

sie sind ertrunken und abgeschwommen.

Bei Sierndorf, von persönlichen Feinden

umstellt,

wird feige erschlagen der böhmische Held.

Arg verstümmelt auf einer Bahr'

bringt man zu Rudolf seinen Feind Ottokar.

Über ihn spricht er ein kurzes Gebet,

für ihn bei Gott er Gnad´ erfleht.

Er lässt ihn auf die Wutzelburg bringen,

wo die Totengesänge des Volkes erklingen,

das aus dichten Wäldern mit Vieh und Gut

zurückkehrt zum Boden, der getränkt ist mit

Blut.

Ein verspäteter Traktor rattert am Keller

vorbei.

Der Alte erwacht und hört einen Schrei.

Der Totenvogel ruft: „Komm mit, komm mit!"

Er aber lächelt und spricht: „Noch nit, noch

nit.

Solang´ noch die Traube am Stocke glüht

und junger Wein im Glase sprüht."

Der Keller ist dunkel, er wandert heim,

noch ganz versonnen in Träumereien.

Und als er dann im Bette lag,

meint er: „Es war ein historischer Tag!"

Der Rotterzamperl

Die Fäuste an die Brust gedrückt,

scheinbar in eine andere Welt entrückt,

ein Manderl läuft im Zeppeltrab

vom Postamt zur Station hinab.

Eine große Ledertasche hat er umgehängt,

am Kapperl man ihn als Amtsperson erkennt.

Rührend ist sein Hund, der Perl,

auf Schritt und Tritt folgt er dem Herrl.

Wenn zum Postzug beide Eile haben,

sieht man sie zum Bahnhof traben.

Da zischt und prustet Herrl wie eine

                              Dampflokomotiv´.

Als Lausejunge lachte ich mich über Zamperl

                              schief.

Mag immer etwas Drolliges geschehen,

ich hab ihn nie lachen sehen.

Man lobt seine Verlässlichkeit,

dazu seine Verschwiegenheit.

Es fügt sich, dass dieser skurrile Mann

den Posten als Briefträger bekam.

Tag für Tag so pendelt er

zwischen Bahn und Post einher.

Alle Gänge macht er per pedes,

ein Bycicle wäre gut, doch er verschmäht es.

In einem Hof stand sein schlichtes Quartier

mit Fensterchen und Gittertür.

Dort betrieb er ein Papiergeschäft.

Von ihm bezog ich Schulbücher und manches

Heft.

War was los auf Kegelpartien oder Bällen,

konnte man auf seine Hilfe zählen.

Wohl fühlte er sich bei uns Studenten,

wenn wir das „Gaudeamus igitur" grölten.

Mit Nuscheltönen sang der Tor

„Gaudi hamus Isidor".

Im Orte gab es keinen Verein,

wo er nicht steckte seine Nase rein.

Die Feuerwehr hat er durch seine Gestalt nicht
verschönt.

Als Nichtsoldat wurde er bei den Veteranen
abgelehnt.

Mit Wiener Gstanzln trieb er Schabernack,

dann klimperte Trinkgeld im Sack.

Eines Tages ging das Gerücht:

„Wo ist der Zamperl, man sieht ihn nicht.

Wo ist der Perl, vielleicht ist er hin?"

In Zistersdorf hat er Asyl gefunden.

Dort sinniert er über die schönen Dürnkruter
Stunden.

Zamperl lebte um die Jahrhundertwende,

verzeih, wenn ich ein Lob für ihn
verschwende.

Er gab Dürnkrut eine Note,

sowohl als Unterhalter wie als Bote.

Ich hab schon lange ihn am Gewissen.

Hab ich ihn jetzt der Vergangenheit entrissen?

Májalis[2] in Malaczka[3]

Im Hofe wartete der Fiaker Leidwein.

Die Pferde scharrten. Er drängte zum

                        Einsteigen.

Zum Maifest wurde Vater mit Familie gebeten.

Voll Erwartung wurde zeitig früh

die Fahrt nach Ungarn angetreten.

Kurz nachher uns in das Auge stach

die Tafel in ungarischer Sprach´

„A hidon gyors hajta´s tiloš!"

Das verstand wohl nur der Madjar Mikoš.

Auf Deutsch bedeutet es:

Schnelles Fahren

auf der Brücke bringt Gefahren.

Der Holzbelag von Brücken musste oft

                   ausgewechselt werden.

---

[2] Maifest.
[3] Malacky.

Sonst drohten Löcher, Wagenbruch und Sturz

von Pferden.

Mautner, Zöllner wünschten gute Fahrt auf

Ungarisch.

Vater lernte diese Sprach´ bei den Husaren.

Er vergaß sie nicht.

Die Straße war bis Gairing[4] aufgedämmt.

Der karge Landboden fast alle Jahre

überschwemmt.

Es ging noch polternd über etliche hölzerne

Hängebrücken.

Sie versetzten uns Knaben in helles Entzücken.

Die toten Arme der March wurden so

überbrückt.

Bei Hochwasser war damit die sich´re

Verbindung mit dem Westen geglückt.

In Gairing war die Hauptstraße nicht

gepflastert.

---

[4] Gajary

Ein Blick zeigte: Die Kultur in dem

Slowakendorf war noch stark zurück.

Der Höhepunkt der Fahrt war für uns Knaben

Kiripolcz[5],

ein Zigeunerdorf, mit Hütten aus Lehm, Schilf

und Holz.

Nach kalter Jahreszeit lockte der Sonne Kraft

schon viele Zigeuner auf Wanderschaft.

Bei Vollmond brachen sie auf und ließen die

Türen der Quartiere offen.

Eine glückliche Heimkehr ins leere Dorf ließ

dennoch alle hoffen.

Ein schöner Maiensonntag in einem anderen

Land

uns inniger mit der Natur verband.

Die Kinder der Zigeuner hatten heute weiße

Hemdchen angelegt.

Ach wie bald waren Kind und Hemd

verschmutzt, verdreckt.

---

[5] Kostolište

Die Knirpse bettelten und balgten sich auf

staubiger Straße um jedes Geldstück, das man

vom Wagen aus ihnen zuwarf.

Mutter verurteilte dies Vergnügen scharf.

Unweit Malaczka, in einem schönen

Karpatenwald,

machte unser Fiaker schließlich Halt.

Seile waren an Stämme gebunden,

damit die Abgrenzung des Festplatzes

gefunden.

Ungebetene hätten ein Überschreiten nicht

gewagt.

Stämmige Forsteleven hätten sie verjagt.

Es war alles da, was zu einem Fest gehört.

Zelte waren aufgestellt, der Aufwand unerhört:

Tanzboden, Bierzelt, Weinschank,

Schnapsboutique

und eine fremd klingende Zigeunermusik.

Wir waren stolz auf unseren Star,

da Vater beim Tontaubenschießen der absolute

Sieger war.

Uns Buben gefiel das Festestreiben.

„Vater, können wir nicht länger bleiben?"

„Buben, beiseite jeder Spaß!

Ihr müsst früh morgens zum Gottesdienst

und nachher in die Klass'"

Ein Jäger der Fürsten Palffy

zum Abschied das Waldhorn blies,

als unser Fiaker bei Lampionslicht und

Zymbalklängen

der Zigeuner den heut' so lauten Wald verließ.

Krampus

Schwer pochen unsere Kinderherzen,

nicht aufgelegt sind wir zu Scherzen.

Draußen beginnt es leicht zu schnei'n,

Dunkelheit bricht rasch herein.

Eine Kalesche hält vorm Haus,

Nikolo und Krampus steigen aus.

Cäsar an der Kette rast,

Krampus im schwarzen Pelz ihm gar nicht

                                 passt.

Die Hausglocke baumelt hin und her,

Ketten rasseln auf der Stiege schwer.

Nikolo und Krampus treten ein,

wir sagen unsere Sprüchelein.

Nikolo teilt Gaben aus zu unserer Freude,

Krampus brummt, tut uns aber nichts zu Leide.

Sieh da! Jetzt macht er eine wilde Jagd

auf die dralle slawische Dienstmagd.

Rutenstreiche hat sie abbekommen,

in die Küche ist sie entkommen.

Dort sperrt sie sich hurtig ein

und man hört sie nicht mehr schrei'n.

Heiliger und Höllenfürst in bester Eintracht

fahren wieder in die kühle Nacht.

Franzi, fürwitzig wie er ist,

sagt: „Dass ihr's nur wisst,

der heilige Nikolaus mag's gewesen sein mit

hoher Mütz',

Stab und Gewand so fein.

Der Krampus aber mit die roten Haar

ganz sicher der Herr Tierarzt war."

Nachtwächter Schordan dazu weise spricht:

„Der Spitzbui lasst sich's einfach net nehma,

wiadawö, er is holt dahinter kemma."

Der Klapperstorch

Die Überflutung der March war vorbei.

Sie ließ in Tümpeln und Gräben zurück allerlei

Wassertiere, vielfältig in den Arten,

und das alles schon hinter unserem Garten.

Nicht immer gab´s Ruhe auf diesem Plan.

Morgens fingen die Störche zu klappern an.

In der brütenden Mittagshitze

ertönten die Klagelaute der Kiebitze.

Wenn die Sonne hinter den Weinhügeln sank,

ein tausendfaches Konzert der Frösche

                        erklang.

Eines Tag´s, als ich noch nicht zur Schule ging

und kreisende Schwimmkäfer am Graben fing,

flog ein Storch über mich hinweg.

Der Anblick war grauslich, ich bekam einen

                        Schreck.

Vom Schnabel strampelte ein Kind,

es war nicht wie kleine Kinder sind,

es baumelte sich krumm, blieb aber stumm.

Nicht einmal weinen tat der Wicht,

nein, so einen Rausgefischten mag ich nicht.

Ich rannte heim, schrie: „Der Storch bringt ein

Kind.

Macht die Fenster zua,

mir san eh scho´ Kinder gnua!"

Ja, das hätt ich nie gedacht,

als Aufschneider werd´ ich wieder einmal

ausgelacht.

Vom nahen Baumwald kam ein Jäger her

mit Jagdhund und mit Schießgewehr.

Angezogen durch mein zornig Schrei´n,

kehrte er im Hause ein.

Beim Gespräch mit ihm war es bald klar,

dass das vermeintliche Kind eine Natter war.

Kinder aber merkt, es ist wirklich wahr:

Eine Schlange gibt fürwahr ein Festmahl für

Familie Adebar.

Fahrendes Volk

Dürnkrut, günstig gelegen an Bahn und
Straßen,
war um die Jahrhundertwende gar nicht
verlassen.
Da schlug auf drei Tage ein winziger Zirkus
sein Zelt.
Dort sahst du Olga am Nudelbrettschimmel für
wenig Geld.
Familie Strohschneider sorgte stets für
Kurzweil
mit verwegenem Spiel am hohen Seil.
Mit offenem Mund und hochgezogenen
Augenbrauen,
kam ich nicht raus aus dem Staunen.
Ein Artist fuhr einen Jungen mit verbundenen
Augen
im Karren über das Seil.

Den Mast erreichten die beiden, Gott sei Dank,

heil.

Ich sah sie schon tot am Pflaster liegen.

Ein Auffangnetz war damals nicht

vorgeschrieben.

Im Ort machte öfters ein Ringelspiel Halt.

Eine quiekende Orgel am Abend erschallt'.

Oh, mein liebes Ringelspiel!

Von Burschen angetrieben, kostete es nicht

viel.

Fürs reife Publikum stellten sich vazierende

Schauspieler ein.

Nach reichlichem Genuss spendierten Weins

brachten sie den „Pfarrer von Kirchfeld".

Anzengruber hat sich da im Grabe umgedreht.

Theaterstücke endeten meist um Mitternacht.

Das haben die vielen „Pausen" gemacht.

Von Wien ein „Bio" von „Pathé frère"[6]

zeigte lebende, aber stumme Bilder her.

---

[6] Alter Filmprojektor, 1912, 28 mm.

Eine Person machte hierzu den nötigen Lärm

mit Wischer, Pfeiferl, Raschel und einem

Blechscherb´n.

Blasmusiken waren in unserer Gegend rar.

Sie kamen nach der Ernte aus dem Böhmerwald

sogar

und brachten unter einen Hut

deutsches und tschechisches Tanz- und

Liedergut.

Seltener noch ließen sich blicken

arme italienische Hirten.

Mit ihrem Flötenspiel gewannen sie im Nu der

Zuhörer Entzücken.

Volkssängern war die Wienerstadt zu enge,

sie kamen des Öfteren aufs Land

und machten die Gscherten

mit den neuesten Gstanzln bekannt.

Guschltauer in Person erhitzte der Dürnkruter

Gemüt

mit dem schneidigen Fiakerlied.

Im Sommer machte ein Tanzlehrer einen
Tanzkurs auf.
Der nahm für uns Mittelschüler stets guten
Verlauf.
Die Musik zur Polka, zum Walzer und zur
Quadrille
besorgte am Klavier kostenlos der Kaufmann
Heinrich Wille.

„Tanzbären im Anmarsch!",
durcheilte Dürnkrut die Kunde.
Siedende Aufregung für Kinder und Hunde.
Weit im Osten der Monarchie
wurden die jungen Bären eingefangen,
an Ketten gebunden und sie mit dem Tanzen
geschunden.
Gurgelnd der Treiber Geschrei
„Danze, danze mamrianze hai, hai!"
liegt mir nach 90 Jahren noch in den Ohren.
Wer hätte damals ein Wort
über die abscheuliche Tierquälerei verloren.

Marchfelder Kotnickerln

Wir sind Vögel vom Marchland,

den älteren Leuten wohl bekannt.

Aus Russlands Steppen kamen

mit Napoleons Heeren unsere Ahnen.

Wir sind eine Lerchenart,

etwas robust und gar nicht zart.

Wir tirilieren nicht in Himmelshöhen

und bleiben lieber auf der Erde kleben.

Denn in den schönen Jahreszeiten

ist auf des Marchfelds weiten Breiten

für uns die Tafel stets gedeckt.

Doch der böse Winter uns erschreckt,

obwohl wir Wintervögel sind,

gefeit gegen Schneegestöber, gegen Wind.

Als Pferde noch Fuhrwerk und Schlitten zogen,

da kamen wir herangeflogen.

Im Pferdemist, da fand sich mancher

Leckerbissen,

den wir im Zeitalter des Autos stark vermissen.

Bei noch so tobendem Schneewetter

war Pferdekot ein treuer Retter.

Ein verhaltenes Piepsen war uns eigen,

bis das Frühjahr brach das Schweigen.

Dann legten wir mit frohen Hochzeitsliedern

los.

Der Vogelkundler fragt sich bloß:

Wohin sind so viele Schopflerchen

verschwunden?

Ja, wo noch Pferde wiehern, da haben wir

ein neues Heim gefunden.

Das Barbarakreuz

Es schwebt schier der Segen Gottes

über der Ortschaft namens Prottes,

am Rand des Marchfelds hingestreut.

Du findest dort recht biedere Leut´.

Das Marchfeld ist nicht steppengleich,

man nennt´s die Kornkammer von Österreich.

Im Sommer glaubst du am Meeresstrand zu

stehen,

wenn sanfte Winde über breite Felder wehen,

erfasst ein Spiel mit Wellen und Wogen

sowohl den reifenden Weizen, wie den Roggen.

Zur Erntezeit siehst du, wie dies´ oberirdische

Gold

hochverladen in die Silos rollt.

Unter der Erde tut´s nicht an Gas und Rohöl

fehlen.

Beides kann mit Recht als zweiter Goldschatz

zählen.

Pumpwerke gehen in den Kulturen spukhaft auf

und ab,

sie fördern, meist ohne Pause, Öl an den Tag.

Wenn du müde wirst vom Schauen,

vom Streifen durch den Eichenwald und Auen,

dann erwartet dich der beste Wein

in einer der vielen Kellereien.

Es ist ein drittes Gold, das durch deine Kehle

rinnt.

Alle Mühsal wird vergessen, du wirst wieder

ein Kind.

Die Sonnenscheibe sinkt blutrot am

Firmamente,

bald geht ein schöner Ferientag zu Ende.

Zum Barbarakreuz musst du noch gehen.

Aus Stahl siehst du es turmhoch auf einer

nahen Höhe stehen.

Bohrleute haben ihre Schutzheilige mit diesem

Kreuz geehrt.

Und, die von Barbara nichts wissen,

seien wie folgt belehrt:

Barbara ist griechisch und heißt „die

Fremde"

es wurde die Märtyrerin, wie die Legende

lehrt,

von ihrem eigenen Vater enthauptet.

Wanderer, der du an diesem Kreuze kniest,

dank dem Herrn als guter Christ,

dass im Lande Frieden ist.

Beim Tuschl-Vetter

Am Kirchturm schlägt es sechs,

da kommt kein Holzeinkäufer mehr.

„Erni, Franzi, Vicki, richtet euch zum

Spaziergang her!"

Die Kinder spielen auf der alten Sag´.

Die Mutter ruft´s an einem Sommernachmittag.

Vicki sagt: „Schon wieder geht´s zum Tuschl

Voda".

Erni brummt: „Jetzt aber sei stad, du Blöda."

Franzi hat ein Marschlied schon parat:

„Eins, zwei, drei - Sodawasser, Extrawurst,

löschen Hunger und den Durst."

Vater sperrt Kanzlei und Kassa ab,

wir setzen lustig uns in Trab.

Vater fällt manch Späßlein ein,

er hält das Ausflugsziel geheim.

Auf dem Wege zu der Mühl´, die am

Fasanengarten steht,

wird ein Holzapfelbaum erspäht.

Die Früchte werden angebissen,

als allzu sauer weggeschmissen.

In der Mühle picken Schwalben flatternd und

gewandt,

abertausend Fliegen von der Kuhstallwand.

Es wird die geschichtliche Bernsteinstraße

überschritten.

Unversehens stehen wir inmitten

einer flachen Senke, wahrlich ein kleines

Paradies,

das bei uns Knaben falscher Weis' die Schlucht

hieß.

Die Senke, ein trocken Bachbett aus früherer

Zeit,

ist jetzt als Zufluchtsort einer seltenen

Pflanzenwelt geweiht.

Ein schöner Falter tanzt von Blüt' zu Blüte

und fesselt mit Andacht unsere Blicke.

Ob der Tuschlvetter hält heut offen?

Wir sind am Ziel, die Kellertür steht offen.

Auf unsern Ruf: „Ist jemand da?",

dröhnt aus des Kellers Tiefe: „I kim scho."

Vorm Keller ist ein Tisch aufgeschlagen.

Wir werden uns mit dem Gast vertragen.

„Gemma eini? Bleimma drauß´n?"

An der Luft schmeckt gut die Jaus´n.

Der Wirt gibt jedem seine Hand,

drum wird er Vetter auch genannt.

Waidendorf baut in guten Lagen Wein an,

den kann man wohl vertragen.

Uns Knaben war der Wein verpönt,

weil man sich leicht ans Trinken g´wöhnt.

Ein Kranz Extrawurst ist bald verzehrt.

Zwei Flaschen Syphon sind bald geleert.

Schade, die Jause geht zu End´,

der Abschied wird ein wenig turbulent.

Vicki hat als Imitator einen Ruf.

Er mimt blendend einen Bsuff.

Lichter blitzen auf am Firmament.

Unser Spaziergang geht zu End´.

Der Abschied vom Vetter ist nicht schwer.

Uns hat´s gefallen, wir kommen wieder her.

Die verunglückte Weinlese

Ein wahres Fest ist die Weinlese.

Für uns Buben endete sie mal böse.

Nun erzähl ich, wie es dazu kam:

Dienstmagd Berta nahm einen Flechtkorb

unter'n Arm.

Auch ein scharfes Messer nahm sie mit,

mit dem sie Trauben von den Stöcken schnitt.

Kindern war diese Arbeit viel zu schwer.

Trauben essend trieben wir uns im Weingeländ'

umher,

bereit zu jedem Schabernack,

der uns Buben ja im Blute lag.

Winzerin mit Gesind' und andere Frauen

füllten Körbe mit den Trauben.

Diese leerten sie in Butten,

sowohl die schlechten wie die guten.

Mannsbilder schleppten die vollen Butten

zu einem großen Bottich hin,

da waren die Trauben bis zur Hälfte drin.

Mit einem Strohröhrl in der Hand

beugte sich Vickerl übern Bottichrand,

trotz der Wespen schlürfte er den süßen

Traubensaft.

Mit einem Mal verließ ihn seine Kraft,

er verlor das Gleichgewicht,

in den Bottich rutschte der Wicht.

Ein Buttenträger kam in dem Moment herbei,

der sah den Buben in dem Brei,

er fasste schnell nach seinem Schopf

und zog heraus den nassen Tropf.

Berta stellte die Lesarbeit ein.

Zuerst machte sie den Buben rein.

Ihr Umhängtuch hängte sie ihm um.

Verstohlen lachten sich ein paar Lauser

krumm,

als sie Vickerl in „Bugelkraxn" nahm auf ihren

Rücken.

Berta sagte: „Hintaus bei den Scheunen

werden wir nach Hause gehen,

damit die Leute uns nicht sehen."

Mutter meinte: „Was die Buben jetzt aufführen,

man muss sich wahrhaftig für sie genieren."

Vater, ein alter Husar, nahm die „Kuba"

aus dem Mundwinkel

und sprach: „Er wird sich doch nicht verkühlt

haben, der kleine Binkel.

Ernst! Was macht ihr doch für dumme

Sachen?

Als ältester musst du die Brüder besser

überwachen!"

Besuch beim Einsiedler

An einem alten Bachbett steht ein Hügel,

„Buhuberg" nennt man den Bühel.

Wie in meiner Jugendzeit

schmückt ihn heut ein Rebenkleid.

Im Osten bildet seinen Rand

eine lehmig steile Wand,

die schroff in das Flussbett fällt

und zu den schönsten Plätzen zählt.

Dort führte einst ein Leben stolz und frei

Grunzky, Einsiedler aus der Slowakei.

Für uns Buben war er stur,

fast eine legendäre Figur.

Im Geist sah ich ihn zotteln durch die Au

grunzend, dem Namen nach, wie eine Sau.

Einmal hieß es: „Vater, lass uns gehen,

wir möchten den Einsiedler zu gern sehen."

Wir trafen einen lieben Mann,

der uns sehr entgegen kam.

In der Wand an zugänglicher Stelle,

grub er sich eine richtige Wohnhöhle,

die er auch im Winter nicht verließ,

wenn noch so kalt der Ostwind blies.

Von hier sah man des Flusses Silberband,

das den Weg durch dichten Auwald fand,

die blaue Kette der Karpaten,

Dörfer auf den weiten, grünen Matten.

Als Imker reichte uns Grunzky Honig wohl

genug.

Dazu ein Hausbrot, das er selber buk.

Er plauderte dann allerlei,

wie schön sein Einsiedlerleben sei.

Für einen guten Mittagstisch

angelte er so manchen Fisch

aus den nahen Teichen und dem Fluss,

für jeden Gaumen ein Genuss.

Von Wildkaninchen ohne Zahl

briet er sich oft ein köstlich Mahl.

Auch dann und wann sich Hasen fingen

in meisterhaften Schlingen.

Was uns Buben hell entzückte,

dass er nie die Schulbank drückte.

Zeitungen hat er nie gelesen,

erlernt hat er nur das Binden von Kehrbesen.

Als der Wind die Glockentöne aus Gairing hatte

hergeweht,

faltete er die Hände zu einem stillen Gebet.

Er dankte Gott in seiner Allmacht,

der ihn zum glücklichsten Menschen hat

gemacht.

Nach einem kraftvollen Schnäuzer

nahm er für den Honig ein paar Kreuzer.

Wir dankten für die Honigjause

und marschierten zu dritt nach Hause.

Die Eltern frugen: „Was war denn los?"

Bruder Viktor sagte bloß:

„Vater, i mecht gern

a Einsiedler und nit mehr a Kutscher wer'n."

Minimalia

Ich will kein Dichter sein,

kein himmlischer Poet.

Mir fallen manchmal Reime ein -

ob s´ gefallen oder net.

Nachwort

Franz Simon wurde 1889 in Dürnkrut geboren und starb im 98. Lebensjahr. Er ging als Offizier in Pension, nachdem er in zwei Weltkriegen als Pionier gedient hatte. Geheiratet hat er nie. Zuletzt lebte er in Salzburg. Er malte zeitlebens viel und in den letzten Lebensjahren begann er auch zu dichten. Seine Gedichte wurden mündlich, z. B. bei der Feier zum Schlachtgedenktag 1978, und schriftlich weitergegeben.

Textgeschichte:

H^1

|

h^1

|

h^2

|

t^1

|

d^1

H^1............Simons handschriftliches Büchlein mit umfangreicherem Inhalt in Kurrent. Genauer Zeitpunkt der Entstehung unbekannt. Verschollen.

h^1..........Abschrift eines Teils der Gedichte von Annamarie Hajek. Verschollen.

h^2............Frau Annamarie Hajek. = Korrigierte h^1. 1978.

t^1........... Friedrich Hajeks maschinelle Abschriften von h^2. 1995.

d^1............. Erstdruck bei Books on Demand, =

t^1 gekürzt und verbessert. 2004.

Friedrich Hajek, Herausgeber. 20. 6. 2004.